섬은, 바람으로 말한다

# 섬은, 바람으로 말한다

나재 박종필 지음

바른북스

〈바람이 남긴 말〉

# 그 섬, 그 바람 그리고 침묵

이 시집은
진도의 바람과 침묵,
그리고 섬의 기억을 담기 위해 시작되었습니다

말하지 않아도 전해지는 것들,
묻지 않아도 알게 되는 마음을
시로 불러내고자 했습니다

삶의 자락을 스친 바람이
어느 날 시가 되었고,
그 바람이 지나간 자리에
나와 당신의 오래된 이야기가 머물렀습니다

말 없는 고요 속에서도
누군가의 마음에 작은 울림이 닿기를 바랍니다

바람처럼 다가가고,
섬처럼 남기를 바라며 이 시집을 건넵니다

2025년 초여름, 진도에서

프롤로그:
## 섬의 침묵, 바람의 언어로 쓰다


섬은 말이 없다
그러나 바람이 스쳐 가면
숨겨둔 시간이 조용히 깨어난다

사라졌지만,
다시 피어나며
말 없는 진심을 드러낸다

그것들을, 나는 시로 불러냈다

여는 시:
## 섬은, 바람으로 말한다

말하지 않아도
섬은 안다

고요한 바람 속 숨겨둔 마음을

대숲을 스친 바람이
물가를 지나
누군가의 기억을 쓰다듬는다

섬은 묻지 않고
바람으로 답한다

그렇게
우리는 말 없이도
다시 섬으로 돌아온다

**목차**

⟨바람이 남긴 말⟩

└ 그 섬, 그 바람 그리고 침묵

프롤로그: 섬의 침묵, 바람의 언어로 쓰다
여는 시: 섬은, 바람으로 말한다

## 1부: 섬을 바라보다

*섬이 바람에 말을 건네기 전, 고요를 바라보는 시간*

| | |
|---|---|
| 바람의 첫 발자국 | 14 |
| 숨 쉬는 대숲 | 15 |
| 조용한 기슭 | 16 |
| 푸른 물의 무늬 | 17 |
| 오래된 등대 | 18 |
| 경계에 선 섬 | 19 |
| 갯벌 위에서 | 20 |
| 바람이 쓰다듬고 간 자리 | 21 |
| 혼자서 바다를 듣는 법 | 22 |

## 2부: 바다는 말이 없다

침묵 속에서 되새겨지는 감정과 잊힌 이름들

| | |
|---|---|
| 바다는 말이 없다 | 28 |
| 물결 아래 | 29 |
| 파도의 시간 | 30 |
| 말이 사라진 자리 | 31 |
| 그때의 온도 | 32 |
| 되돌아갈 수 없는 | 33 |
| 끝내 닿지 못한 | 34 |
| 파도는 묻지 않는다 | 35 |
| 마음의 뒷문 | 36 |

## 3부: 섬의 가장자리에서

경계의 자리, 잊힌 삶의 조각들이 깨어나는 곳

| | |
|---|---|
| 안개 속에서 | 42 |
| 유년의 골목 | 43 |
| 그늘진 마루 | 44 |
| 폐교 | 45 |
| 마지막 불빛 | 46 |
| 문이 잠기던 날 | 47 |
| 이름 없는 들꽃 | 48 |
| 사라진 이름들 | 49 |
| 부표 | 50 |
| 〈바람이 남긴 말〉 | |
| └ 경계를 넘기 전 | 55 |

## 4부: 돌아서야 할 길 위에서

되돌아온 사람들과 말 없는 포용

**〈바람이 남긴 말〉**

| | |
|---|---|
| └ **아직도 남은 말** | 58 |
| 빈집 | 59 |
| 물러날 자리 | 60 |
| 돌아서야 할 이유 | 61 |
| 멍석 위에서 | 62 |
| 돌아서다 | 63 |
| 할머니의 웃음 | 64 |
| 마주친 눈빛 | 65 |
| 비 오는 오후, 마당에서 | 66 |
| 바람 너머 | 67 |

## 5부: 바람은 다시 섬으로

말없이 쓰다듬는 귀환의 풍경

| | |
|---|---|
| 다시 불어오는 바람 | 72 |
| 들풀은 안다 | 73 |
| 새벽 어귀 | 74 |
| 물소리의 말 | 75 |
| 해 지는 오후 | 76 |
| 저녁이 올라오는 시간 | 77 |
| 고향집 창 | 78 |
| 섬은 바람에게 말을 건다 | 79 |
| 바람은 다시 섬으로 | 80 |

마무리하며: 아무도 묻지 않아도, 달은 지지 않는다

〈바람이 남긴 말〉
├─ **팽목항에서 Ⅰ**
└─ **팽목항에서 Ⅱ: 묻지 않은 진실**

에필로그: 바람은 고요를 지나

# 1부:
# 섬을 바라보다

섬이 바람에 말을 건네기 전,
고요를 바라보는 시간

섬은 언제나 말없이
그 자리에 서 있습니다
바다가 조용히 숨을 고르고,
바람이 대숲 사이로 스치기 전,
우리는
그 고요를 바라보며
잠시 멈춰 섭니다

오래된 기억이
묵은 모래처럼 발밑에 스며들고,
파도가 말하지 못한 감정들이
마음에 맺힙니다

이 첫걸음은,
말없이
섬과 눈을 맞추는 시간입니다

## 바람의 첫 발자국

아직 누구도 말 걸지 않은
아침의 섬

모래에 여명이 닿을 무렵
미풍이 대숲 가장자리에
첫발을 내디뎠다

섬은 놀라지 않고
깊이 숨을 고른다
대숲은 느리게 흔들렸다

창문 틈새로 스며든 빛줄기가
새벽의 속삭임을 묻어왔다

아무 말 하지 않아도
섬은 이미
파도보다 먼저
내 마음을 읽고 있었다

## 숨 쉬는 대숲

대숲 사이로
바람이 스며들어
대숲 끝을 흔든다

숨을 고르는 듯
천천히

하늘조차 잠시 숨을 멈추면
대숲은 긴 숨을 내쉬며
그늘을 드리운다

섬에선
바람이 숨 쉬는 법을 가르친다

## 조용한 기슭

고요한 기슭에
발자국 하나 남긴 채
따스하게 속삭이던 바람은
바다로 등을 돌렸다

파도는 은근히
다가오는 어둠을 핑계 삼아
그 흔적을 감춘다

자국 하나, 둘
희미해지면

모래 속 기억은
낡은 돌담 아래로 숨어들고
저문 바람만이
그 속삭임을 되새긴다

## 푸른 물의 무늬

바다는
부드러운 비단결로 펼쳐지고

해 질 녘 햇살에
별들이 먼저 내려와 누웠다

섬은
바다를 품에 안고
사랑 담긴 미소로
가만히 입 맞춘다

잔잔한 꿈처럼
물결 위에 놓인
내 마음 두리둥실
한 조각 되어 흘러간다

## 오래된 등대

작은 방파제 끝
홀로 선 등대는
파도 소리 자장가에도
눈 감지 않는다

바람에 깎인 옆구리를
수십 년 기억으로 메우고
짙은 소금기 속에 스민 시간은
바다에 잠긴 빛처럼 흔들린다

파도가 길 잃을까
배가 지나간 흔적을 가리키며
묵묵히 기다린다

섬사람들 마음속엔
언제나 등대 같았던
아버지 손처럼

거센 파도에도
늘 그 자리에 있을 거란
믿음이 있다

## 경계에 선 섬

해안선 꺾이는 그 끝,
섬은 바람에 잠긴다

어제와 오늘의 틈에서
말끝이 흐려진 마음들이
물결 위로 스르르 떠오른다

파도는 모서리를 돌아
섬에게 묻는다
그러나 대답은
느긋한 바람 속에 머물고 있다

그 말은 아직
섬의 고요한 기슭만을 맴돌고 있다

혼잣말처럼
아무도 듣지 못하는 속삭임
섬은 그 말들을 품에 안고
천천히 한 발 뒤로 물러선다

## 갯벌 위에서

갯벌 위에
발자국 남기고 가면
흙냄새가 은근히 따라온다

물이 차오면
흐릿해져도
남기고 간 자국은 남아 있다

그리움이란
바닷물에 씻겨도
자꾸만 입가에 맴도는
옛 노래다

## 바람이 쓰다듬고 간 자리

대숲이 흔들린다
바람이 스친다
그 자리에
말보다 오래 남은 것들이
있다

눈을 감으니
오래전 손길이 다시 스쳐 간다

## 혼자서 바다를 듣는 법

미풍이 남긴 말들을
가만히 되새기다 보면
혼자 있어도
외롭지 않다

파도 소리 사이사이
지나간 기억들이
조금씩
제 모습을 되찾는다

섬은 언제나
묻지 않고
기다리지도 않는다
다만,
그 바람을 가만히 품는다

나는 이제 안다
혼자 바다를 듣는다는 건
그 조용한 속삭임을
그저
받아들이는 일이라는 걸

기슭에서

바람을 따라 숨을 고르며

나는 섬처럼 침묵한다

섬은 말했지만
바다는 대답하지 않았다

저녁이 지나고
물결은 조용히 밀려온다

말 없는 바다를 바라보며
나는 그 속삭임을 다시 듣는다

# 2부:
# 바다는 말이 없다

침묵 속에서 되새겨지는 감정과 잊힌 이름들

바다는
알고 있지만
말하지 않습니다

수많은 발자국이
밀려왔다가 사라지고,
이름들은 조용히 지워집니다

그러나
그 침묵 속에서도
우리는 사랑하고,
잊고,
기억합니다

2부는
물결 아래 가라앉은
마음의 조각들을
조용히 건져 올리는 여정입니다

들리지 않는 말이
오히려
더 깊이 닿을 수 있다는 것을,
우리는 바다에게서 배웁니다

## 바다는 말이 없다

바다는
모든 걸 알고 있지만
끝내 입을 다문다

달빛이
전하려 하여도
그 어둠은 읽히지 않았다

고요한 거절이
이토록
아름다울 수 있다는 걸
나는
섬에 와서야 알았다

## 물결 아래

수면 아래
말하지 못한 감정들이
서서히 가라앉는다

햇살은
그 위만 쓰다듬고
실바람은 머뭇거리며 돌아선다

깊은 곳일수록
기억은 더 선명하다

## 파도의 시간

파도는 흐르고 바람은 지나간다

지나온 자리에 흔적은 없지만
그늘진 물결 아래
바람이 놓고 간 이야기가
잔잔히 흔들린다

흐름을 따라
떠다니는 말들,
그건 사랑이었다

바다는 여전히
말이 없다
그러나
나는 듣는다

## 말이 사라진 자리

누군가 울다 간 자리에
기운 의자 하나와
문턱을 넘은 발자국이
바람 속에 남아 있었다

오래 머물던 말의 기척이
아직 그 자리에 엎드려 있다

돌담 아래 햇살처럼
기억은 눕고
나는 묵묵히
그 앞을 지나왔다

그리고 알았다
말이 사라진 자리는
오히려 더 오래
남는다는 것을

## 그때의 온도

마음은 머문다

물결은 흔적 없이 사라지고
나는 그 온도를 기억한다

잠깐 반짝였던 것들이
사라진 후에도

물거품 아래
나는
그때의 온도를 기억한다

## 되돌아갈 수 없는

조류는
언제나 앞을 향해 흐른다

물길은 거스를 수 있어도
시간은
되돌아가지 않는다

한순간의 말
한순간의 침묵

그 사이에
무너져 내린 나의 말들이 있었다
먼지처럼 쌓인, 아무도 닦지 않는

## 끝내 닿지 못한

손끝이
파도를 스치듯
그 이름을 남기고 돌아섰다

기억은 자꾸만 밀려왔고
나는 그 자리에 오래 머물렀다
그러나 그 사람은
한 번도 나를 돌아보지 않았다

그날의 바람은
아직
가슴 아래 숨죽이며 숨어 있다

나는
어긋난 파도에게
자꾸 묻는다

왜 침묵만 남았는지

## 파도는 묻지 않는다

파도는 묻지 않고
스스로 부서진다
스스로 물러난다

.........

사랑은, 어쩌면
아무것도 묻지 않는 일일지 모른다

## 마음의 뒷문

앞문은 너무 환해서
나는 늘
뒷문으로만 드나들었다

말을 삼킨 밤
창호지 너머로
숨결이 번져 왔다

녹슨 문고리에 묻은 안부 위로
계절이 흘러갔다

잠긴 문틈으로 엿듣던 속삭임
나는 말없이
그 문턱 앞에서
오래 머물렀다

돌아가려 했던 길은
처음부터
그 뒷문 너머였다는 걸
나는
이제야 안다

물결은 흔적을
남기지 않는다

하지만
섬은 기억을 품고 있다

그 잊힌
이름이 떠오를 때
바람은
섬을 감싼다

# 3부:
# 섬의 가장자리에서

경계의 자리,

잊힌 삶의 조각들이 깨어나는 곳

섬의 끝자락,
세상의 중심에서 멀어진 그곳에는
부서진 기억들이
조용히 깨어납니다

안개 속에 잠긴 풍경,
빈집과 폐교,
오래된 담장 아래
숨어 있는 시간들은
누군가의 삶의 조각들입니다

3부는
경계에서 다시 살아나는
작은 흔적들을
따라 걷는 길입니다

말없이 지나간
사람들의 숨결이
바람을 타고 되살아납니다

## 안개 속에서

아침마다
안개가 섬을 감싼다
하루를 잠시 잊으라는 듯이

길이 사라지고
기억도 흐려지지만
그 안에서 나는
오히려 뚜렷해진다

## 유년의 골목

낮은 담장 너머
비탈진 돌계단

숨은 아이를 찾던 아이의 숨결이
북장단 소리로 골목을 맴돈다

지금은 바람만
고양이 따라 소리 없이 지나갔다

## 그늘진 마루

낮은 처마 아래
햇살은 금세 누워버린다

그늘은 품처럼 포근했고
말 없는 시간이 머물렀다

마루에 앉아 있던 어머니는
언제나 그곳에 계셨던 것 같다

## 폐교

운동장은 잡초에 잠겼고
종소리는 멈추었다

교탁 위엔 먼지 쌓이고
복도 끝엔 고무신 한 짝

걸상은 뒤집힌 채
시간에 지워진 칠판 대신
금 간 벽을 바라보며
끝내 지우지 못한 이름을
가만히 부르고 있다

## 마지막 불빛

밤이 내려앉은 후에
섬 어귀
불빛 하나 켜져 있다

누군가 아직
돌아오지 않은 사람을 기다리는 듯

그 작은 불빛 하나로
섬은 긴 밤을 견뎠고

나는 그 밤을 밀쳐내며
다시 돌아올 이유를 묻는다

# 문이 잠기던 날

문이 닫힌 건
누군가 떠난 것이 아니라
우리가 등을 돌렸기 때문이다

폐교가 된 건
그곳에 더는 아이들이 없어서가 아니라
우리의 기억이 그곳을 버렸기 때문이다

계단에 앉아
굳게 닫힌 문 앞에 앉아 있었다
마지막 종소리는
기억 속에서 멎어 있었다

나는 지금도
그 문을 밀고 들어가
혼자 울고 있다

## 이름 없는 들꽃

풀밭 한편
유난히 고개 숙인 들꽃 하나

눈에 띄지 않지만
가만히 보면
먼저 웃는다

아무 말도 없지만
이름도 몰라도
그 잎새 끝에서
내가 먼저 인사를 받는다

비에 젖고, 바람에 꺾여도
다시 일어나려는
그 떨림이
나를 울게 한다

나는 손 흔들어
조용히 인사를 나눈다
그 이름 모를 안부에

## 사라진 이름들

바다는
기억을 지우는 법을 안다

모래 위 이름들을
조용히 삼켜버린다

그러나 섬엔
그 이름의 그림자가 남는다

## 부표

바다는 흔적을 남기지 않지만
흘러간 자리를 말해주는
부표 하나

그 작은 것이
삶의 중심을
잡아주기도 한다

파도에 흔들려도
그 자리를 잃지 않는 것

바람이 지나가고
섬은 가만히 남아 있다

돌담 아래 쌓인 시간
그 틈 사이로
희미한 발걸음이 스며든다

나는 이제
돌아서야 할 길 위에 서 있다

⟨바람이 남긴 말⟩

# 경계를 넘기 전

부서진 돌담 아래
숨어 있던 시간이
가만히 등을 밀어주었다

더는 머물 수 없어
나는 발끝을 돌렸고
그 순간, 섬의 가장자리가
돌아가는 길이 되었다

# 4부:
# 돌아서야 할 길 위에서

되돌아온 사람들과 말 없는 포용

어떤 길은
다시 걷기 위해
존재하지 않습니다

그 길은,
결국 돌아서야 할 방향이 됩니다
돌아오지 못한 마음,
이해받지 못한 감정,
말하지 못한 안부들이
조용히 섬으로 향합니다

섬은 묻지 않고 맞아줍니다

4부는
돌아오는 사람들,
돌아서야 하는 마음을 위한
조용한 용서의 시편들입니다

⟨바람이 남긴 말⟩

# 아직도 남은 말

나는 용서하지 않았다
돌아섰다고 해서
잊은 건 아니다

지나간 것은
지워진 것이 아니고
남겨둔 것들일 뿐이다

그는 나를 보았고
나는 그 눈을 피했다

피한 건
그 사람도, 나도 아니었다
그때 하지 못한
그 말 하나였다

## 빈집

닫힌 창틈으로
빛이 스며든다

사람은 떠났고
시간만 벽에 기대섰다

먼지 쌓인 문턱 위에
기억이 바닥에 가만히 내려앉았다

말이 채 끝나지 않은
의자 하나가
벽에 등을 기대고 있다

돌담 아래
발자국 하나 스며들어
빈집은 말없이 살아 있다

## 물러날 자리

그 밤……
아무도
말을 꺼내지 못했다
다만
한 걸음, 물러섰다

물러난 그 자리에
그 사람의 침묵이 쌓였다

이해받지 못한 감정이
오래 머무는 곳

## 돌아서야 할 이유

돌아가고 싶어서가 아니었다
그냥
세상이 더 이상 나를 놓지 않았을 뿐

다른 길이 없을 때
섬은 언제나
마지막 남은 방향이 된다

## 멍석 위에서

빈 멍석 위에
햇살이 쏟아진다

예전엔
그 위에서 아이들이 뛰놀았고
어른들이 웃었다

지금은
그늘만 길게 드리운다

## 돌아서다

길은
돌아서야 비로소 떠오른다

고개를 돌리면
보이던 풍경이 사라지고

남은 건
한 줄기 바람뿐

## 할머니의 웃음

아무 일 없는 날
방 안에 들리는 웃음 하나

어릴 적
할머니가 지으시던 그 웃음이
이따금 바람에 섞여온다

돌아오지 못하는 사람도
바람이 되어 다시 웃는다

## 마주친 눈빛

항구에서 우연히 마주친 얼굴
그는 내가 떠날 때 외면했던 사람

서로 지나쳤지만
그의 시선은
끝내 나를 붙들고 있다

시간은 흘렀지만
멀어진 것은
서로의 마음뿐이었다

## 비 오는 오후, 마당에서

성난 비바람이 지나간 자리
마당 한구석
돌절구에 잔잔한 물결이
진도아리랑 한 소절로 흐른다

보슬비가 내리고
흙내음은 눅눅하게 깊어간다

절구 옆 작은 웅덩이
물방울이 차근차근 퍼져나간다

나는 처마 밑에서 한참을 바라본다

물길은 여전히 흐르고
그칠 기색 없는 비가
마당을 적시고 있다

시간은
아무것도 묻지 않는다
빗방울처럼
가만히 스며들 뿐이었다

## 바람 너머

이 바람은
누구의 안부를 품고 왔을까

저 너머 어딘가
말하지 못한 마음 하나

섬 끝에서 나는
그 바람을 들여다본다

돌아온 길 끝에
바람이 먼저 와 있었다

묻지 않고
되묻지 않으며
조용히 섬을 쓰다듬는다

이제
바람은 다시
섬으로 돌아간다

# 5부:
# 바람은 다시 섬으로

말없이 쓰다듬는 귀환의 풍경

떠났던 바람은
결국
다시 섬으로 돌아옵니다
삶이 어디에서든
다시 제자리로 돌아오듯,
모든 감정은
고요한 섬의 품으로
돌아옵니다
말없이 머문 기억들,
다시 시작되는 일상의 호흡,

5부는
조용한 귀환의 찰나를
담고 있습니다

바람은 속삭이듯
섬을 쓰다듬고,
우리는 다시
그 고요 속으로 스며듭니다

## 다시 불어오는 바람

언제 떠났는지도
알지 못한 채
바람이 가만히 돌아온다

섬 끝에서
나는 그 바람을 맞는다

흩어진 마음은
다시 모이고
섬과 바람은
서로를
가만히 어루만진다

## 들풀은 안다

돌아온 발걸음보다
먼저 몸을 일으킨 건
담장 밑 들풀이었다

말하지 않아도
그 풀은 모든 걸 알고 있었다

## 새벽 어귀

새벽이 오기 전
섬은 가장 조용해진다

별빛도
바람도
그 순간 잠시 멈춘다

나는 그 틈에서
내 안의 소리를 듣는다

## 물소리의 말

개울물이 흘러가며 말했다

'그때, 너도 울었지?'

나는 고개를 끄덕였다

'그래도, 다시 걷고 있잖아'

그건 위로였다

## 해 지는 오후

해가 기울고
바람이 길어질 때
섬은 가장 고요해진다

이 시간엔
모든 상처도
조금쯤 덜 아프다

## 저녁이 올라오는 시간

부엌 낡은 창 너머로
밥 짓는 김이 오르면
저녁이 온다

밥솥 뚜껑 열리는 소리에
바람 한 줌이
먼지처럼 스며든다

누군가
가만히 불을 켜고
김치냉장고 문을 살며시 연다

밥 냄새 따라
들뜬 고양이가 먼저
골목 같은 긴 마루를 돈다

나는
식탁에 놓인 그릇 하나를 보며
하루의 끝이
따뜻해지는 걸 느낀다

## 고향집 창

낡은 목조 창틀 사이
녹슨 경첩이 힘겹게 삐걱인다

손을 내밀어 문고리를 쥐었다
'있었으면 좋겠다'란 말,
입안에서만 맴돌았다

그리고
나는, 두드리지 않았다

그 창 너머
아무도 없다는 걸
이미 알고 있었기에

## 섬은 바람에게 말을 건다

말없이도
섬엔 저녁이 먼저 오고
바람은 대숲을 비켜 다녀갔다

처마 끝, 희미한 외등 아래
한낮 아이 울음이 자고,
바람이 잠시 머문다

섬은 그때마다
한 줌 기억을 꺼내
바람에게 건넨다

바람은 모른 척 스친다
그러나 바람은 기억한다

다시, 고요
그리고 바람이 돌아오면
섬은 오래된 이름을 속삭인다

그 속삭임을 안고
기슭을 스쳐 떠난 바람의 그림자에게

## 바람은 다시 섬으로

다녀온 바람이
다시 섬으로 불어온다

이름도 없이
형태도 없이

그저
한 사람의 마음이 되어

대숲을 감돈다

마무리하며:
## 아무도 묻지 않아도, 달은 지지 않는다

-1-
아무도 묻지 않아도
섬은 늘 거기에 있었다

누가 떠났는지,
누가 돌아왔는지
묻지 않고 품어주었다

바다는 모든 것을 기억했고
파도는 조용히 무너졌다

그 사이, 나는 있었다
물결처럼 지워졌다가
다시 섬으로 돌아와
고요를 배웠다

이제야 나는 안다
내 안의 비림이
처음부터 섬이었음을

-2-
도시의 달은
뾰족 솟은 건물 사이에 갇혀
제 얼굴조차 잊었다

그러나 진도의 달은
바다에 젖지 않고
고요한 산등성이를 타고 오른다

너의 어깨 같은 산등성이 위로
잠시 머물다가
처음부터 없었던 것처럼
다시 사라진다

아무도 제대로 보지 못한
바다 위의 달

파도 소리는 멀어지고
내 숨소리는
침묵 속에 묻혀간다

외로운 것인지
살아 있는지조차
분명치 않은 밤

그래도 나는
달이 산 너머로 진다는
그 단 하나의 사실로
오늘을 견디고 있다

-3-

섬은 끝내 말이 없었고
바람은 소리 없이 지나갔다

나는 하지 못한 말들을
말하지 않음으로써
더 깊이 전했다

돌담 아래로 스며든
누군가의 발자국
창틈으로 흘러든 바람이
말 없는 내 마음을 열었다

그때 나는 알았다
말하지 않아도
우리는 이미 알고 있었음을

침묵 속에 더 오래 남는 것이
나였음을

〈바람이 남긴 말〉

## 팽목항에서 I

팽목항 방파제 끝
낡은 부표가
바람에 몸을 기댄다

사람들은 떠났고
바다는
여전히 침묵한다

파도는 묻지 않는다
그러나
바다는 안다

바람은 다시 흔들린다
대답 없는 이름
그 이름을 부른다

## 팽목항에서 Ⅱ : 묻지 않은 진실

바다는 말하지 않았다
그러나 나는 안다

소리 지르다 사라진
목소리의 흔적을

세월이 흐르면
모든 게 잊힐 거라고?

파도가 다시 삼켜버린 이름 위에
나는 무릎을 꿇는다

묻지 않은 건 그들이 아니라
우리가 외면한 것이다

이제 나는
그것을 말 없는 시로
가만히 눌러쓴다

에필로그:
## 바람은 고요를 지나


섬은 말하지 않았다
아무도 묻지 않아도,
그 자리에 있었다

나는 멀리 떠났다가
다시 돌아왔다

섬은 묻지 않았고
바다는
조용히 기억을 안았다

바람은
대숲을 쓰다듬고
말 없는 창을 지나
내 마음에 스며들었다

그때 나는 알았다
침묵 속에서조차,
우리는 이미
서로를 알고 있었다는 것을

그리고
그 고요 속에
내 존재도 있다는 걸

# 섬은, 바람으로 말한다

초판 1쇄 발행 2025. 8. 19.

**지은이** 박종필
**펴낸이** 김병호
**펴낸곳** 주식회사 바른북스

**편집진행** 황금주
**디자인** 김민지
**마케팅** 송송이 박수진 박하연

**등록** 2019년 4월 3일 제2019-000040호
**주소** 서울시 성동구 연무장5길 9-16, 301호 (성수동2가, 블루스톤타워)
**대표전화** 070-7857-9719 | **경영지원** 02-3409-9719 | **팩스** 070-7610-9820

•바른북스는 여러분의 다양한 아이디어와 원고 투고를 설레는 마음으로 기다리고 있습니다.

**이메일** barunbooks21@naver.com | **원고투고** barunbooks21@naver.com
**홈페이지** www.barunbooks.com | **공식 블로그** blog.naver.com/barunbooks7
**공식 포스트** post.naver.com/barunbooks7 | **페이스북** facebook.com/barunbooks7

ⓒ 박종필, 2025
ISBN 979-11-7263-541-1 03810

•파본이나 잘못된 책은 구입하신 곳에서 교환해드립니다.
•이 책은 저작권법에 따라 보호를 받는 저작물이므로 무단전재 및 복제를 금지하며,
이 책 내용의 전부 및 일부를 이용하려면 반드시 저작권자와 도서출판 바른북스의 서면동의를 받아야 합니다.